Para: ....

....

De: ....

Viva intensamente

Textos de Cristina Alemany

Estar vivo implica correr riscos.

Você se atreve a fazer isso, aproveitando as oportunidades que o mundo lhe oferece?

Acorde!

É hora de começar a protagonizar os seus dias.

Trata-se de vivê-los plenamente, com seus erros e acertos; de aprender, de avançar e, no caminho, divertir-se!

De lançar-se na avenida que o transporta ao melhor destino:

você mesmo!

É sempre bom ter um ombro amigo – ou mais –
para se apoiar.
Ele o ajudará a percorrer o caminho,
se este se tornar sinuoso.

Não tenha medo.

Escute seu coração.

Ele sabe do que você precisa,

o que quer e o que faz você feliz.

Ele é o melhor guia que você pode ter.

Faça o que você gosta de fazer.

Seguir sua vocação

é o ideal para ter sucesso em todos os aspectos.

Não se esqueça de que é preciso estar preparado.

Treine. Estude.

Mas desfrute ao dedicar-se àquilo que lhe dá prazer.

Ninguém tem o direito de dizer como você deve viver
nem a quem entregar seu coração.

Ame. Muito. Sem fronteiras.

Amar é como o ar, que ao mesmo tempo
mantém você vivo e o deixa ofegante...

Quando você tiver de dizer uma verdade, diga.

Com dignidade e respeito.

Não se esconda!

Se não gosta de alguém... Isso não tem importância.

A verdade anda de mãos dadas com a liberdade.

É tão divertido

saciar a curiosidade...

Não deixe que ninguém estrague sua festa.

As pessoas sempre têm algo a dizer e,

se não têm, inventam. Por isso...

Para que escutar tudo o que dizem por aí?

Ame o planeta. Curta a paisagem
e tudo o que a natureza colocou a seu alcance.

Mergulhe fundo na vida!

Renove-se! Se tiver companhia, melhor.

★

Não carregue

todas as preocupações do mundo

sobre seus ombros.

Existem coisas melhores de se carregar...

No entanto, não se esqueça da **solidariedade**.

★

Sua identidade não está só em seu DNA,
mas também naquilo que você sente
que faz parte de você. Nas pegadas deixadas
por aqueles que amamos e admiramos.

Defenda sua família e seus amigos.

Por que não viver em comunidade?

Dance e cante a todo volume!

E no ritmo que mais lhe agradar...

Escolha com quem compartilhar o seu estilo de vida.

★

Você também pode viver na solidão, se desejar.

Nesse caso,

aprenda a cozinhar...

Ou o cardápio não será muito variado.

Se você fracassar, não adianta se queixar ou suplicar.

Essa não é a **atitude dos vencedores**.

Seque suas lágrimas e vá com decisão

e segurança atrás do que você quer.

Faça-se notar. Use sua criatividade, fale, grite,

expresse suas ideias,

deixe a timidez para trás...

O mundo espera ansiosamente por alguém que se destaque.

Não tenha medo de provocar.

Assuma o controle do seu presente.

O momento é agora.

Não se imponha limites.

Desafie o que está estabelecido e corra atrás de seus sonhos.

A vida premia os valentes

que se atrevem a crer que tudo é possível.

★

Diretora de projeto editorial: Lidia María Riba
Diretora de projeto gráfico: Trini Vergara
Direção editorial: María Nazareth Alves
Direção de arte: Paula Fernández
Editora: Luciana Salgado
Editora assistente: Marcia Alves
Diagramação: Cristina Nogueira da Silva
Textos: Cristina Alemany
Tradução: Maria Suzete Casellato

Rua Capital Federal, 263 - CEP 01259-010
Bairro Sumaré - São Paulo - SP - Tel./Fax: (55 11) 4612-2866
editoras@vreditoras.com.br

ISBN: 978-85-7683-333-8

Impresso na China • Printed in China

Dados Internacionais de Catalogação na Publicação (CIP)
(Câmara Brasileira do Livro, SP, Brasil)

Bahner, Bertram
Viva intensamente / Bertram Bahner ; [tradução Maria Suzete Casellato]. — São Paulo : Vergara & Riba Editoras, 2011. — (Coleção avenida de la vida)

Título original: Atrévete a vivir.
ISBN 978-85-7683-333-8

1. Vida - Citações, máximas etc. I. Título.
II. Série.

11-09585 CDD-808.882

Índices para catálogo sistemático:
1. Vida : Citações : Coletâneas : Literatura 808.882
2. Vida : Máximas : Coletâneas : Literatura 808.882

Sobre o autor

As imagens de *Avenida de la Vida* são o novo projeto do fotógrafo Bertram Bahner, que trabalha há mais de 15 anos sob o nome de Kim Anderson. Com este pseudônimo ele produz, com grande sucesso em todo o mundo, fotos artísticas de meninos e meninas para pôsteres, material de papelaria e livros, entre eles *Nossa amizade é para sempre* e *Acredite sempre em você*, publicados pela Vergara & Riba Editoras. Agora, Bahner leva adiante seu projeto de fotografia artística, do qual resultou as incríveis imagens desta série para jovens, na qual também se encontra o título *Apaixonados*.

Sua opinião é importante para nós!

Mande um e-mail para opiniao@vreditoras.com.br com o título deste livro no "Assunto".

Conheça-nos melhor em:

www.vreditoras.com.br